LE MARQUIS DE TULIPANO,

OPÉRA BOUFFON,

EN TROIS ACTES,

ET EN VERS BLANCS,

Parodié sur la musique de G. Poësiello.

Par C. J. A. GOURBILLON.

Représenté, pour la première fois, sur le théâtre Feydeau, ci-devant MONSIEUR, le 28 janvier 1789, et depuis sur le théâtre de la Porte St.-Martin, le 17 vendémiaire, an 11.

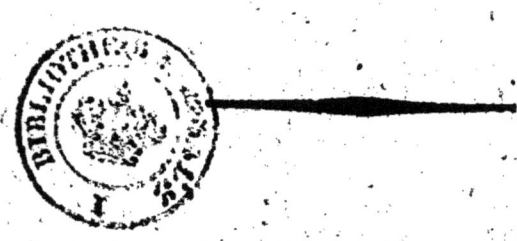

A PARIS,

Chez BARBA, Libraire, palais du Tribunat, galerie derrière le Théâtre Français de la République, n°. 51.

AN XI. (1803.)

PERSONNAGES. ACTEURS.

Le marquis de TULIPANO, riche fermier parvenu, et entiché de sa prétendue noblesse.
GIORGINO, son fils.
La comtesse OLIMPIA.
VELBINE, villageoise riche et amoureuse de Giorgino.
Deux Ecuyers de la Comtesse. *Personnages muets.*
Valets du Marquis.

La scène se passe dans un port de mer, en Italie.

LE MARQUIS DE TULIPANO.

ACTE PREMIER.

Le théâtre représente un site agreste, au bord de la mer. On voit, d'un côté, la maison du marquis de Tulipano; celle de Velbine est de l'autre.

SCENE PREMIERE.
GIORGINO, TROIS DOMESTIQUES, *occupés à emballer diverses caisses, devant la maison du marquis.*

CHŒUR DES DOMESTIQUES.

Sus, compagnons, bon courage !
Excitons-nous à l'ouvrage ;
Notre maître le verra.

GIORGINO.
Que veut dire ce mystère ?
Pourquoi donc ces apprêts-là ?
Mais laissons venir mon père :
Le secret s'éclaircira.

SCENE II.

Les précédens, Le Marquis de TULIPANO.

TULIPANO, *à ses gens.*
Avez-vous fini l'ouvrage,
Encaissez mieux ce bagage !
Il doit faire un grand voyage,
Et pourrait bien se gâter.

LE MARQUIS

CHŒUR DES DOMESTIQUES.
Nous avons fini l'ouvrage,
Sans attendre davantage,
Nous allons tout emporter.

TULIPANO.
Je suis content de l'ouvrage.
(*A son fils.*)
Mais que fais-tu donc ici ?

GIORGINO.
Pour exciter leur courage,
J'arrive à l'instant ici.

TULIPANO.
Sortez, songez à ma défense.

GIORGINO.
J'obéis et je m'en va.

TOUS DEUX.
Je sens que la patience
Malgré moi m'échappera.

(*Giorgino sort.*)

SCENE III.

TULIPANO, *seul, à ses gens.*

Allons, que l'on prépare tout pour le mariage de mon fils. (*Au premier valet.*) Tu chargeras ces effets sur une tartane, et tu les enverras à Sarzanne, chez la comtesse Olimpia, vas. — Ah ! j'oubliais ! ne manque pas, sur-tout, de dessiner mes armes et mes titres, sur chacune de ces caisses ; je ne serai pas fâché que les gens du pays sachent par-là, que ces présens viennent du marquis de Tulipano. C'est tout, je crois ? allez, mon ami, allez, et ne repliquez pas.

(*Le laquais sort.*)

SCENE IV.

TULIPANO, *seul.*

La comtesse sera charmée, sans doute, de la magnificence des présens que je lui envoie. Allons trouver mon fils, et tâchons, s'il est possible, de vaincre la répugnance qu'il montre à se prêter à mes vues. (*à ses gens.*) Suivez-moi : venez ; — mais venez donc ! Ces marauds-là oublient, sans cesse, le respect qu'ils me doivent. En vérité, on n'est pas plus mal servi ! on ne l'est pas plus mal ! (*Ils sortent tous.*)

SCÈNE V.

VELBINE, *sort de chez elle, à mesure que les autres s'éloignent.*

Ils sont enfin partis ! — Est-il rien de plus plaisamment ridicule que ce vieux Tulipano ! Vouloir faire épouser une grande dame, une comtesse, à son fils ! Parce qu'il a amassé beaucoup de bien, il se croit noble, et veut jouer le personnage d'importance; quelle folie ! mais, que ne l'épouse-t-il lui-même, cette comtesse ? — Elle perdrait trop au change pour y consentir : dès qu'elle aura vu son fils, mon Giorgino, il lui plaira, j'en suis sûre. Et si, par malheur, elle allait aussi lui plaire ! . . . O ciel ! serait-il donc possible ! mais non : j'espère encore. Cependant cette comtesse doit arriver aujourd'hui chez le père; il m'avait promis de venir m'attendre ici, pour concerter ensemble les moyens de rompre ou de différer du moins son mariage; mais j'y suis long-tems avant lui, et il ne vient pas.

> Loin de ce qu'on aime,
> On craint, on désire;
> Sans cesse on soupire
> Après son retour.
> Souvent l'espérance
> Calme la souffrance;
> Et toujours l'absence
> Augmente l'amour.

N'entends-je pas une Guittare ? C'est lui . . ., comme il paraît triste. (*Elle rentre chez elle, et paraît de tems à autres, tandis que Giorgino chante l'air suivant.*)

SCÈNE VI.

GIORGINO, VELBINE, *cachée.*

GIORGINO.

> Je croyais, ma belle,
> Goûter pour jamais,

LE MARQUIS

En étant fidèle,
Des plaisirs parfaits.
Hélas, ma belle,
Pour combler ma peine,
Le sommeil me fuit ;
A chanter ma chaîne
Je passe la nuit ;
En vain je veux feindre
De fuir tes appas ;
Toujours plus à plaindre
Je me trouve, hélas !

SCENE VII.

TULIPANO, GIORGINO, Domestiques.

TULIPANO, *à ses gens.*

Mais, encore une fois, marchez donc plus loin de moi ! Et toi, ne devrais-tu pas rougir de tenir ainsi ton chapeau sur la tête, quand tu as l'honneur de me suivre ? et serai-je forcé de te rappeler sans cesse les égards et le respect que tu me dois ?

GIORGINO.

Ne vous emportez pas ainsi, mon père.

TULIPANO.

Mon père !

GIORGINO.

Eh ! oui, mon père.

TULIPANO.

O l'imbécille !

GIORGINO.

Comment donc ? est-ce que vous ne seriez plus mon père ?

TULIPANO, *hors de lui.*

De mieux en mieux ! Sachez, monsieur, que je suis, que je serai toujours le marquis de Tulipano, votre père. Voilà, monsieur, ce que je suis, le voilà ! — Mais où sont donc vos gens ? Ne vous ai-je pas dit cent fois, que je ne voulais pas qu'ils s'éloignent de vous.

GIORGINO.

Mes gens, monsieur ; ils sont allés dîner, je crois.

TULIPANO.

Quel langage! quelle insouciance! et quelle honte pour moi de voir sans cesse le marquis, mon fils, sortir seul par la ville, comme ferait un simple bourgeois! Monsieur le marquis, vous me faites bien de la peine; — vous me causez des chagrins bien cuisans, monsieur! — Mais, brisons-là dessus : j'ai à vous entretenir de choses plus importantes. Vous n'ignorez pas, monsieur, vous n'ignorez pas que la comtesse Olimpia doit arriver ici ce soir.

GIORGINO.

Je le sais. Mais pourquoi ce voyage précipité.

TULIPANO.

Précipité, monsieur, précipité! qu'est-ce à dire, je vous prie? croyez-vous donc que la comtesse puisse montrer trop d'empressement à s'unir à une famille comme la nôtre? En un mot, monsieur, elle vient pour vous épouser; et...

GIORGINO.

Pour m'épouser! oh! non, mon père.

TULIPANO.

Non? eh! pourquoi donc, s'il vous plaît?

GIORGINO.

Ma foi, parce qu'elle ne me plaît pas.

TULIPANO.

Eh! comment pourrait-elle vous plaire! si vous ne l'avez jamais vue!

GIORGINO.

D'accord; mais j'imagine...

TULIPANO, *s'animant.*

Des sottises, monsieur, des sottises! imaginez plutôt quelle vous plaira : c'est la plus grande dame de Sarzanne.

GIORGINO.

Ma foi, monsieur, grande ou petite, j'aimerais cent fois mieux une simple villageoise.

TULIPANO.

Qu'entends-je! O fils indigne de moi et de tes ancêtres! s'ils pouvaient t'entendre, ils rougiraient de te voir porter leur nom.

LE MARQUIS

GIORGINO.

Ça ne serait pas trop la peine, car il n'y a pas long-tems encore qu'ils eussent pû me voir labourer.

TULIPANO.

RÉCITATIF, obligé (1).

Arrête, malheureux ! tremble de me déplaire,
Ou redoute l'effet de ma juste colère !
Reviens de ton erreur ;
Et respecte du moins ton père !

Air :

Marquis, marquis ! sois sûr que la comtesse
Seule est digne de ton ardeur !
Ses aïeux et sa richesse,
Ses attraits et sa noblesse,
Sont des charmes qui, sans cesse,
Sauront maîtriser ton cœur.
Ah ! déjà même il me semble,
Voir vos enfans jouer ensemble,
Et me faire mille tours,
Entre mes bras je les presse,
Je leur souris, et les caresse ;
Et leurs graces enfantines,
Leurs traits, leurs jeux et leurs mines,
Me rappellent mes beaux jours.

(*Il sort.*)

SCENE VIII.

GIORGINO, *seul*.

Périssent mille fois la race et le nom de Tulipano, plutôt que de trahir les sermens qui m'engagent à Velbine.

SCENE IX.

VELBINE, GIORGINO.

VELBINE.

D'où vient donc cette colère ? et pourquoi votre père sort-il si agité ?

---

* Ce morceau n'a pas encore été chanté au théâtre.

GIORGINO.

Ah! ma chère Velbine! je suis au désespoir! Non content de me soumettre à toutes ses manies, mon père, tu le sais, veut que j'épouse aujourd'hui cette comtesse, dont jadis il a lui-même recherché en vain l'alliance. Dans la crainte de manquer une si belle occasion d'illustrer sa famille, il m'a, depuis, proposé à sa place, et, par malheur, j'ai été plus écouté que lui. Mais, hélas! son nom, son rang, ses richesses, qu'est-ce que tout cela au prix d'un seul de tes regards!

VELBINE.

Mais oubliez-vous que vous êtes, depuis peu, un homme de qualité, et que je ne suis qu'une simple villageoise?

GIORGINO.

Ah! Velbine, peux-tu me reprocher une faiblesse que je suis loin de partager!

DUO. (1)

VELBINE.

Pardonne l'offense
D'un cœur trop épris,
Pour que sa constance
Excite tes mépris.

GIORGINO.

Ah! calme la crainte,
Qui trouble ton cœur;
Mon ame est sans feinte:
Crois à son ardeur.

ENSEMBLE.

Objet de ma flamme
Je lis } dans { ton } ame
Lis-tu }   { mon }
Ta } fidelle ardeur.
Ma }

VELBINE.

Mais enfin, si ton père, abusant de son autorité, te forçait d'épouser la comtesse?

GIORGINO.

Au lieu de m'ôter le faible espoir qui me reste, cherche plutôt à l'augmenter.

VELBINO.

Mais encore...

_____

(1) Ce morceau n'a pas encore été chanté au théâtre.

LE MARQUIS

GIORGINO.

Pensons-y tous deux. Donne-moi tes conseils : trouvons quelque expédient...

VELBINE.

Il en est un, je crois ; mais je me garderai de te le confier, avant que tu ne m'ayes juré une constance à toute épreuve.

GIORGINO.

Rien que la mort ne peut me séparer de toi !

VELBINE.

Tu le crois, du moins, et je le crois aussi, parce que tu me le dis. Ah ! Giorgino, qu'on persuade aisément une chose désirée !

Air : (1)

Mon ame est contante
Dès que je te vois-là ;
La peine me tourmente
Sitôt que tu t'en va,
Mon œil je cherche promptement,
C'est pour te dire tendrement :
Quelle douceur extrème
J'éprouve en ce moment !
Si c'est-là comme on aime,
Je t'aime assurément.

GIORGINO.

Oh ciel ! j'entends mon père ! Nous serions perdus s'il nous surprenait ensemble !

VELEINE.

Dis-donc s'il me voyait même sans toi. Mais par bonheur son mépris pour les gens de son ancien état, ne lui a jamais permis d'arrêter les yeux sur moi : cette heureuse circonstance ajoute encore à l'espoir que j'ai de réussir dans le projet que j'ai formé. Mais il s'approche, et je n'ai que le tems de me soustraire à ses regards.

SCÈNE X.

GIORGINO, *seul.*

Venez ! venez, mon père ! je suis sûr de moi maintenant,

---

(1) Ce morceau n'est point dans la partition.

et je donnerais mille comtesses et mille marquisats, pour un regard de ma Velbine.

SCÈNE XI.
TULIPANO, GIORGINO.

TULIPANO, *se parlant à lui-même.*

Mais il est donc réellement fou ! aimer une roturière ! une simple villageoise ! (*il apperçoit Giorgino.*) Mais le voici justement (*à Giorgino.*) Approchez, monsieur le marquis, approchez. Je viens d'apprendre que vous ne refusez la main de la comtesse que parce que vous brûlez d'une flamme aussi vile que honteuse pour une certaine villageoise...

GIORGINO.

Moi ! mon père...

TULIPANO.

Vous vous troublez, monsieur, vous vous troublez ?

GIORGINO.

Je vous jure, monsieur...

TULIPANO.

Vous vous troublez, vous dis-je ! — En un mot, monsieur le marquis, l'aimez-vous ou ne l'aimez-vous pas ?

GIORGINO.

Eh bien ! oui, je l'aime, moi.

TULIPANO, *furieux.*

Vous l'aimez !

GIORGINO, *effrayé.*

Eh ! non, non, je ne l'aime pas.

TULIPANO.

Jure-le donc à l'instant même.

GIORGINO, *à part.*

Que risquai-je à le contenter ? (*haut.*) Je le jure, monsieur, je le jure.

TULIPANO.

Foi de chevalier !

GIORGINO.

Foi de chevalier. (*se reprenant.*) Mais le suis-je donc réellement ?

LE MARQUIS

TULIPANO.

Qu'entends-je ! O honte ! Eh quoi ! tu en doutes encore ? malheureux ! crains l'effet de ma juste indignation si tu ne jure, au moment même, que tu te crois un vrai chevalier.

GIORGINO.

Allons, monsieur, puisque vous le voulez absolument, je vais vous obéir.

Air :

Je jure à toute la terre,
Au ciel, s'il est nécessaire,
Que je suis né chevalier.
Mais s'il n'est pas vrai, mon père,
Comment puis-je jurer ?
— Non la race Tulipane
Du nord au midi brillera !
Partout on en parlera !
Mais s'il n'est pas vrai, mon père,
Comment puis-je le jurer ?
— Non, monsieur, je ne dis rien ;
Oui, j'ai tort, et j'en convien.
 (à part.)
Mon père, dans sa manie,
Sait aisément m'annoblir ;
Mais à semblable folie,
Moi, je ne puis consentir.

(*Il sort.*)

SCENE XII.

TULIPANO, *seul.*

Grands dieux ! quel imbécille le ciel m'a donné pour fils ! J'espérais en vain qu'il deviendrait un jour le digne soutien de ma race ; mais je vois maintenant... (*à un laquais qui paraît dans le fond.*) Eh bien ! qu'est-ce ?

LE LAQUAIS.

Il y a là-bas une dame étrangère qui demande à parler à son excellence M. le marquis de Tulipano.

TULIPANO.

A son excellence ! Fais-la entrer, et ne t'éloigne pas.
(*Le valet sort et rentre avec Velbine.*)

SCENE XIII.

TULIPANO, VELBINE, *en robe de ville.*

VELBINE, *à Tulipano.*

Je vous souhaite bien le bonjour, monsieur.

TULIPANO, *sans la regarder.*

A qui parlez-vous, ma mie, à qui parlez-vous?

VELBINE.

A vous-même, monsieur.

TULIPANO.

A moi? mais en vérité! — Vous ignorez, sans doute, qui je suis, ma fille, vous l'ignorez assurément! Mais à l'air noble et fier qui me distingue des gens d'une certaine sorte, vous auriez pu vous douter que vous avez l'honneur de parler à son excellence monsieur le marquis de Tulipano; vous auriez pu vous en douter.

VELBINE.

Mille pardons, illustrissime seigneur. Je suis étrangère; et loin d'avoir eu le dessein de vous manquer, c'est à vous justement que je désire de parler.

TULIPANO.

Eh bien! donc, que me voulez-vous?

VELBINE.

Je suis venue, monsieur, de la part de la comtesse Olimpia, dont j'ai l'honneur d'être la dame de confiance pour vous....

TULIPANO, *l'interrompant.*

Ah! madame, excusez-moi vous-même; je respecte, j'honore tout ce qui tient à cette dame, et je suis vraiment fâché... Enfin, pourquoi vous envoie-t-elle? je croyais qu'elle devait me faire l'honneur de venir elle-même passer quelques jours dans mes terres?

VELBINE.

Madame la comtesse n'est pas non plus éloignée; mais voulant d'abord s'assurer des dispositions du marquis, votre fils, elle a désiré que je lui présente son portrait, pour juger par mes yeux de l'effet qu'il fera sur lui.

TULIPANO.

Voilà, madame, une précaution tout-à-fait inutile. Le marquis, mon fils, est trop bien né pour ne pas se plier à tout ce que j'exige de lui. Mais n'importe : je vais vous l'amener; et vous verrez, madame, qu'entre lui et moi, il n'y a aucune différence : c'est le même air, le même port, la même noblesse; et l'on remarque aisément à nos traits l'antiquité et l'illustration de notre famille. *(il sort.)*

SCENE XIV.
VELBINE, *seule*.

Jusqu'ici tout va bien. Il ne s'agit plus que de ménager à Giorgino le premier moment de la surprise, en détournant adroitement l'attention de son père.

SCENE XV.
TULIPANO, GIORGINO, VELBINE, *à l'écart*.

TULIPANO, *à son fils*.

Viens ça, te dis-je, et efforce-toi de prendre les airs et les manières d'un marquis tel que toi. — Madame, voilà mon fils que j'ai l'honneur de vous présenter.

VELBINE, *à Giorgino*.

Je vous salue très-humblement, monsieur le marquis.

GIORGINO, *sans la regarder*.

Je suis bien votre serviteur, madame.

VELBINE, *à Tulipano*.

Que vois-je? Mais, monsieur, une telle réception a droit de me surprendre; et sans l'assurance...

TULIPANO, *à part*.

Ah! mon dieu, mon dieu! quelle patience!

VELBINE, *à Giorgino*.

La comtesse Olimpia m'avait chargée, monsieur, de vous remettre son portrait...

GIORGINO.

Eh bien! donnez.

VELBINE, au même.

Mais, s'il vous plaisait de me regarder, vous verriez, trait pour trait, le visage de votre future épouse ; on dit que nous nous ressemblons à s'y méprendre. (*elle l'attire vers elle.*)

GIORGINO, *la reconnaissant.*

Que vois-je ?

VELBINE.

Qu'en pensez-vous, monsieur ?

TULIPANO, *à Velbine.*

Pardon ! (*à part.*) Je souffre le martyre !

TRIO.

VELBINE, *bas à Giorgino.*

Ah ! Giorgino !

TULIPANO.

                Je vous laisse.—

VELBINE, *bas à Giorgino.*

Agissons avec adresse,
Afin de le mieux tromper ;
Sans méfiance il nous laisse :
Mais sachons en profiter.

TULIPANO, *bas à Giorgino.*

Parle donc de la Comtesse !

GIORGINO, *bas à Velbine.*

Ah ! Velbine ! quelle ivresse
S'empare de tous mes sens.

VELBINE, *haut à Tulipano.*

A ses désirs il commande :
Rendez-moi donc le portrait !
A la dame qui en mande
Que dire de son effet ?

TULIPANO, *bas à Velbine.*

Pardonnez, il est timide :

VELBINE ET GIORGINO, *à part*

Quel esprit malin le guide,
Et le laisse ainsi tromper !

TULIPANO.

Ah ! quel tourment ! quel supplice !
Mais je veux qu'il obéisse,
Et s'apprête à l'épouser !

VELBINE.

Il dit non.

TULIPANO.

        Moi, je dis oui.

VELBINE, a Giorgino.
Acceptez-vous ma maîtresse.
GIORGINO.
Je suis prêt à l'épouser.
TULIPANO.
Bravo ! c'est-là parler !
VELBINE, a part.
Comme j'ai su le tromper !
Je vais partir.
TULIPANO ET GIORGINO.
Bon voyage.
VELBINE.
Si je restais davantage,
Madame, de mon message,
Pourrait bien s'inquiéter.
TULIPANO ET GIORGINO.
A recevoir la Comtesse
Nous allons nous préparer.
TULIPANO, a part.
Ah ! quel esprit admirable !
Mais un parti plus sortable
Pouvais-je donc espérer !
VELBINE ET GIORGINO, a part.
Plus crédule et plus aimable
N'est pas facile à trouver.

(Ils sortent.)

Fin du premier Acte.

ACTE II.

Le théâtre représente un salon.

SCÈNE PREMIÈRE.

GIORGINO, *richement habillé, mais d'une manière un peu chargée.*

Je ne sais plus où trouver Velbine. Je ne comprends rien à son projet : qu'espère-t-elle de ce déguisement ? Quelle affreuse incertitude ! Les momens sont précieux : la comtesse est sur le point d'arriver ; et elle ne vient pas. O ciel ! j'entends mon père.

SCÈNE II.
TULIPANO, GIORGINO.

TULIPANO.

Mais où vous cachez-vous donc, monsieur le marquis ? je vous cherche inutilement depuis une heure. Je voulais vous demander si vous avez songé au compliment que vous ferez à la comtesse ?

GIORGINO.

Je le sais, je crois, sans l'avoir beaucoup étudié.

TULIPANO.

Fort bien. Je suis assez curieux de voir la manière dont vous comptez vous y prendre. Voyons.

GIORGINO, *saluant gauchement.*

Je vous souhaite bien le bonjour, madame.

TULIPANO.

Que vois-je ! O ciel ! est-ce là le fruit des leçons que je t'ai prodiguées ! Ah ! malheureux ! malheureux ! Tiens : regarde-moi : vois l'aisance, la noblesse avec laquelle je marche : examine avec soin ces bras... ces coudes... cette tête... ces jambes... vois-tu ces jambes... ce moëlleux... examine tout enfin, et efforce-toi du moins à m'imiter.

C

DUO.

En voyant la Comtesse,
Rappelle-toi, sans cesse,
Cet air de gravité.

GIORGINO.

N'ai-je donc pas, mon père,
Un air de gravité?

TULIPANO.

Non, tu n'as pas ma manière:
Prends le ton de ton père.

GIORGINO.

Monsieur, je désespère
De jamais l'imiter.

TULIPANO.

Fais mieux la révérence.

ENSEMBLE.

O ma foi ma patience
Pourrait se lasser.

TULIPANO.	GIORGINO.
Le ciel en sa furie,	Je naquis au village ;
Te formas, je parie,	Pour un grand personnage
Pour me désespérer !	Puis-je jamais passer !

SCÈNE III.

LES PRÉCÉDENS, UN DOMESTIQUE de la Comtesse.

TULIPANO.

Mais, que me veut cet homme ? Approchez, l'ami, approchez.

LE DOMESTIQUE.

Madame la comtesse Olimpia m'a chargé, monsieur, de vous remettre cette lettre.

TULIPANO.

La comtesse Olimpia ? donnez, mon ami, donnez. (*il lit.*) » *A son excellence, son excellence, monsieur le marquis de Tulipano, en son palais.* (*au domestique.*) C'est une bien digne dame que votre maîtresse ! (*il lit.*) *Monsieur le marquis — monsieur le marquis.* (*il s'interrompt.*) Cette femme a un style délicieux ! (*il lit.*) *Monsieur le marquis, je débarque au moment même.*

DE TULIPANO.

GIORGINO, *à part.*

Tout est perdu !

TULIPANO, *lit.*

Au moment même ; mais je n'ai pas cru devoir me présenter chez vous en habit de voyage ; et je vous envoie un de mes gens... (*regardant le domestique.*) Il est fort bien ! (*il lit.*) *un de mes gens, à qui vous pourrez remettre, avec confiance, les titres et autres papiers de famille qui me paraissent nécessaires pour l'expédition du contrat. J'ai l'honneur d'être, avec une parfaite considération, monsieur le marquis, votre très-humble et très-obéissante servante et future belle-fille, la comtesse Olimpia.* » Fort bien. Suivez-moi, mon ami, je vais... Mais j'y songe !... elle devait du moins me prévenir de la nécessité des papiers qu'elle me demande. Comment rassembler en un moment tant de titres épars dans les archives de ma famille ! et d'ailleurs, il y en a un grand nombre dans un tel état de vétusté, qu'il faudrait employer les plus grandes précautions pour les parcourir. — Allons, allons, mon ami ; cela est impossible, absolument impossible ! Retournez vers votre maîtresse ; présentez-lui nos respects, et dites-lui que je vais donner à mon secrétaire les ordres les plus précis pour accélérer les recherches qu'elle me demande. Allez, mon ami, allez.

GIORGINO, *à part.*

O fortuné retard !

TULIPANO.

Vous, marquis, suivez-moi.

GIORGINO.

Dans un moment, je suis à vous, monsieur.

(*Tulipano et le domestique sortent.*)

SCENE IV.

GIORGINO, *seul.*

Tout n'est pas encore désespéré. Ce retard fournira, peut-être, à Velbine l'occasion d'exécuter plus facilement son projet, et de déjouer celui de la Comtesse ! — Elle ne veut pas, dit-elle, se présenter en habit de voyage : elle craint, peut-être, de paraître mal à mes yeux ? ma Velbine n'aurait pas eu une semblable crainte.

Air :

Pauvre d'atours, riche d'attraits,
Avec la plus simple parure,
Ma Velbine orne la nature,
En se parant de ses bienfaits.
La fleur des champs a, sur sa tête,
Plus d'éclat et plus de fraîcheur,
Celle dont j'aime mieux l'odeur
Garnit toujours sa collerette.

SCENE V.
TULIPANO, GIORGINO.

TULIPANO.

Eh bien ! marquis, que dites-vous de l'arrivée de la Comtesse ?

GIORGINO.

Ma foi, monsieur, s'il faut vous parler sans feinte, je vous avoue que cela m'est assez indifférent.

TULIPANO.

Comment donc ? mais vous étiez tout de feu ce matin ; et vous m'avez dit que vous étiez charmé de l'épouser.

GIORGINO.

L'épouser ? moi ! une femme que je n'ai jamais vue.

TULIPANO.

Vous ne l'avez jamais vue, soit ; mais sa dame d'honneur vous a montré son portrait ; avez-vous donc déjà oublié qu'en vous le donnant, elle vous a dit que sa maîtresse lui ressemblait parfaitement. Allons, allons, mon fils, il n'y a plus à balancer. Ce mariage te convient, et en te rendant à mes vœux, tu seras le bonheur de ma vie.

Air :

Si tu voulais une famille antique,
Depuis mille ans, la sienne peut dater !
De Sarzane jusqu'au Pôle artique,
Ses ancêtres ont su l'illustrer

Cherches-tu la sagesse ?
Minerve en a moins ;
Cherches-tu la tendresse ?
Vénus en a moins.
La beauté qui, dans Troye, excita des débats,
N'eut jamais tant d'appas.
Ah ! quel bonheur ! quand j'y pense
Pour toi je jouis d'avance.
Ne vas pas en sa présence,
Oublier la révérence,
Et fais-la profondément.

SCENE VI.

LES PRÉCÉDENS, VELBINE, *richement habillée, un laquais.*

TULIPANO.

Mais on vient ; c'est la Comtesse : je n'en saurais douter à son extrême ressemblance avec cette étrangère.

GIORGINO.

Que vois-je ? c'est Velbine ! — Je conçois son projet : tâchons de le seconder.

LE LAQUAIS, *annonce.*

Madame la comtesse Olimpia.

VELBINE.

Monsieur le marquis, je suis votre humble servante.

TULIPANO.

Ah ! madame la comtesse, quel bonheur pour mon fils et pour moi ! je ne m'attendais pas sitôt à l'honneur de votre visite. Votre laquais m'avait dit que la fatigue du voyage vous retiendrait chez vous jusqu'à demain ; et j'allais, selon l'ordre que vous m'en aviez fait donner, vous porter bientôt moi-même les titres de ma famille.

VELBINE.

Je vous en remercie, monsieur le marquis ; mais l'impatience que j'avais de vous connaître, ne m'a pas permis de remettre plus long-tems ma visite.

TULIPANO.

Permettez-moi, madame, de vous présenter le marquis, mon fils.

LE MARQUIS

VELBINE.

Quoi ! monsieur, c'est là votre fils ?

GIORGINO.

Oui, madame ; je suis Giorgino ; c'est moi qui vais être uni à vous ; à vous, — dont la beauté est plus antique que la guerre de Troye ! — qui êtes aussi tendre que Minerve, et aussi sage que mademoiselle Hélène !

TULIPANO, *tombant sur un siège.*

Juste ciel ! quel compliment, le marquis, mon fils, lui fait-il là ! (*A Velbine.*) Ah ! madame, s'il est vrai qu'il soit assez heureux pour vous plaire, ne différez pas plus long-tems son bonheur.

TRIO.

VELBINE, *à part.*

Pour moi quel affreux tourment !
J'en frémis encore.
J'allais perdre, en un moment,
Celui que j'adore.

GIORGINO, *à part.*

Quelle heureuse erreur !
Tendre amour, excuse,
Et soutiens la ruse
Qui fait mon bonheur.

TULIPANO, *à son fils.*

Je t'ai dit sans cesse,
Que, de la Comtesse,
L'esprit, la noblesse,
Charmeraient ton cœur.

VELBINE, *à Giorgino.*

M'aimeras tu toujours !

GIORGINO.

Tu n'en peux pas douter.

TULIPANO.

Ah ! plus de sagesse !
Calmez votre ivresse ;
Daignez m'écouter.

VELBINE ET GIORGINO.

Ah ! dans ta tendresse,
Quelle douce ivresse
J'espère goûter.

TOUS TROIS.

Vivez } pour { vous } aimer
Vivons }   { nous }

Pour $\begin{Bmatrix} \text{vous} \\ \text{nous} \end{Bmatrix}$ aimer toujours

Et $\begin{Bmatrix} \text{livrez} \\ \text{livrons} \end{Bmatrix}$ à jamais

$\begin{rcases} \text{Votre} \\ \text{Notre} \end{rcases}$ ame aux amours.

(*Tulipano sort.*)

SCÈNE VIII.
VELBINE, GIORGINO.

GIORGINO.

Nous sommes seuls, enfin !

VELBINE.

Que penses-tu de mon déguisement ?

GIORGINO.

Charmant ! mais moins que toi...

VELBINE.

Et ces parchemins, ces titres ? Oh ! je ne vous crains plus, madame la comtesse; dans quelques heures, Giorgino sera mon époux.

GIORGINO.

Où vas-tu donc ?

VELBINE.

Je vais retrouver ton père, et le presser de signer, ce soir même, le contrat.

GIORGINO.

Et tu crois qu'il consentira ?

VELBINE.

Je n'en saurais douter.

GIORGINO.

Quel bonheur ! je n'ose encore y croire : répètes-moi, que tu m'aimes, que tu m'aimeras, — toujours.

VELBINE.

Ne fais-je pas assez pour te le prouver ? Mais j'entends quelqu'un. — O ciel ! tout est perdu ! j'apperçois ton père : une étrangère est avec lui : c'est sans doute la comtesse ? je ne pourrai jamais soutenir sa présence. Que faire où recourir ? Ah! mon cher Giorgino, je te perds pour jamais.

(*Elle sort.*)

SCENE IX.

TULIPANO, LA COMTESSE, GIORGINO, Deux Ecuyers.

TULIPANO.

Peut-on pousser plus loin l'imposture et la témérité ! je vous répète, encore, madame, que la comtesse Olimpia, est, à cette heure, dans ma maison.

LA COMTESSE.

C'est souffrir trop long-tems l'injure et le mépris.

Après une telle offense,
N'espérez pas que je pense
A m'en aller, en silence,
Sans m'être vengé de vous.
(*A ses Ecuyers.*)
Vous, prenez ma défense,
Servez bien ma vengeance ;
Et qu'ils périssent sous vos coups.

(*Elle sort.*)

SCENE X.

TULIPANO, GIORGINO, VELDINE, *cachée,* Les Ecuyers.

GIORGINO, *à son père, en montrant les Ecuyers.*

Que veulent-ils donc de nous, mon cher papa ?

TULIPANO.

Ils veulent que nous nous battions, monsieur le marquis, ils veulent que nous nous battions ; voilà ce qu'ils veulent.

GIORGINO.

Eh bien, qu'ils se battent eux-mêmes ; pour nous, allons-nous-en.

(*Les Ecuyers s'opposent à leur sortie.*)

TULIPANO, *rappelant son fils.*

Non, — reste ici. Je vais arranger tout cela ; je vais l'arranger, te dis-je. (*Aux Ecuyers*) Mais, messieurs, ne serait-il pas possible de terminer cette petite affaire, à l'amiable ; là, sans... (*Les Ecuyers frappent du pied contre terre, et pour toute réponse jetent fièrement leurs gants devant Tulipano et son fils.*)

GIORGINO.

C'est fait de moi.

VELBINE, *à part.*

Se battront-ils ?

GIORGINO, *tremblant*

Mon père...

TULIPANO, *de même.*

Mon fils, montrez plus de courage, et songez...

GIORGINO.

Mais, monsieur, vous tremblez plus que moi.

TULIPANO, *de même.*

Je tremble, moi ? il n'est pas vrai, monsieur, je ne tremble point ; je... je... je suis seulement un peu ému... un peu ému, et voilà tout !.... Mais pour me venger de la prétendue Comtesse, je ramasse le gant, et j'accepte le défi.

GIORGINO, *imitant l'action de son père.*

Et j'accepte le défi.

VELBINE, *cachée.*

Ils l'acceptent ?

TULIPANO.

Chevaliers, vous pourrez nous attendre dans le champ voisin, que je choisis ordinairement pour vider ces sortes de querelles ; vous nous y verrez bientôt, prêt à vous y satisfaire, soit à l'épée, au pistolet, ou même au canon.

GIORGINO.

Oui, messieurs les chevaliers, au canon !

VELBINE, *à part.*

Si je ne vole à leur secours leur perte est assurée !

(*Elle sort ainsi que les écuyers.*)

SCENE XI.
TULIPANO, GIORGINO.

GIORGINO.

Ah ! monsieur, qu'avons-nous fait ?

TULIPANO, *se remettant*.

Taisez-vous, marquis, taisez-vous, et apprenez que des gens comme nous ne sauraient refuser un défi, dussent-ils même y perdre la vie.

GIORGINO.

La vie ? eh ! vous comptez cela pour rien ? S'il est ainsi, je me repends bien d'avoir juré que je suis chevalier.

TULIPANO.

O déshonneur du nom de Tulipano ! — Allons, marquis, allons, montrez plus de courage. Venez avec moi dans notre arsenal ; venez y revêtir l'armure de vos ancêtres, le casque, la cuirasse, le bouclier et la lance.

GIORGINO.

Grands dieux ! vous savez mieux que moi ce que je ferai de ce grotesque attirail ! (*ils sortent.*)

Fin du second Acte.

ACTE III.

Le théâtre représente une forêt. Il fait nuit.

SCENE PREMIERE.
VELBINE, troupe de Paysans.
FINALE.

VELBINE, *aux paysans.*

Dans cet endroit solitaire,
Cachez-vous avec mystère,
Pour attendre le moment.
— Vous aussi, dieux que j'implore,
Veillez sur ce que j'adore ;
Et secourez mon amant !

(*Elle sort avec sa suite.*)

SCENE II.
LA COMTESSE, ses Ecuyers.

LA COMTESSE, *à ses écuyers.*

Dans cet endroit solitaire,
Cachez-vous avec mystère ;
Mais, silence : ici l'on vient :
Pour venger mon outrage,
Il faut votre courage ;
Oui, vous serez mon soutien.

(*Elle sort avec sa suite.*)

SCENE III.
GIORGINO, *avec une armure complette.*

Le prix de la victoire,
Un beau désir de gloire,
Me feront triompher !

SCENE IV.
GIORGINO, TULIPANO, *de même.*

TULIPANO.

L'honneur de la victoire,
Un beau désir de gloire,
Me feront triompher,

LE MARQUIS

TOUS DEUX.
Guidez, guidez, dieu du carnage,
Ma valeur et mon courage !

SCENE V.
LES PRÉCÉDENS, LES ÉCUYERS.

GIORGINO, appercevant les écuyers.
O ciel ! que vois-je !

TULIPANO.
Montre donc plus de cœur !

GIORGINO.
Allons, courage !...

TULIPANO, à part.
Dieux ! qu'elle frayeur.

A DEUX, en se défendant.
Je tremble de peur.
Doucement, messieurs, calmez votre rage...
Au secours !
Je tremble pour mes jours !

(*Les paysans appostés par Velbine mettent en fuite les écuyers de la Comtesse.*)

TULIPANO et GIORGINO.
Victoire ! victoire !
Vive la gloire !

GIORGINO.
Frappons-les d'estoc et de taille !

TULIPANO.
Ne quittons pas le champ de bataille !

GIORGINO.
Moi je préfère l'abandonner.

A DEUX.
Ma foi, nous restons les vainqueurs !
Il fallait ce courage,
Pour être les vainqueurs.

SCENE VI.
TULIPANO, GIORGINO, VELBINE.

VELBINE, à Giorgino.
Objet de ma tendresse,
Pour moi quelle allégresse
D'avoir pu te sauver !

TULIPANO.
Dès aujourd'hui, madame,
Récompensez sa flamme,
En daignant l'épouser.

VELBINE, GIORGINO.
Une plus douce ivresse
Je ne puis éprouver !

TULIPANO.
Un moment, je vous laisse ;
Je vais tout préparer.

(*Tulipano sort.*)

SCENE VII.

VELBINE et GEORGINO.

De nos douleurs le terme arrive.
Du sentiment qui nous captive,
Sans crainte nous allons jouir.
Je ne serai jamais volage ;
Près de toi l'amour m'engage,
Par le doux attrait des plaisirs.

SCENE VIII.

Les précédens, TULIPANO, *un papier à la main.*

TULIPANO.
Tout est terminé, madame. Je vous apporte les titres, le contrat ; vous n'avez plus qu'à le signer. (*Velbine prend le contrat.*) Mais croyez-vous que cette femme qui a osé prendre votre nom demande encore à me parler? Et tenez, la voilà qui s'avance ; je vais à sa rencontre, et je lui prouverai...

SCENE IX et DERNIERE.

Les précédens, LA COMTESSE.

GIORGINO, *à Velbine.*
O ciel! dans quel nouvel embarras son retour va-t-il nous jetter!

VELBINE.
Rassure-toi ; vois ces papiers, ces titres, ce contrat, voilà de quoi parer à tous les évènemens.

LA COMTESSE, *à Tulipano.*
Je vous croyais un homme d'honneur, monsieur, et c'est ce qui m'avait décidé à me faire rendre raison de l'insulte

que j'ai reçue de vous ; mais je viens d'apprendre que des paysans, lâchement apostés sans doute, ont assaillis mes écuyers et les ont mis hors d'état de servir ma juste vengeance.

TULIPANO.

Mais vous, madame, qui me parlez avec tant de hauteur, de quel droit venez-vous dans ma maison sous un nom qui ne vous appartient pas ?

LA COMTESSE.

Je suis venue sous celui de la comtesse Olimpia ; ce nom m'a toujours appartenu : qui oserait me le disputer ?

TULIPANO, *montrant Velbine.*

Madame ; et rougissez de votre imposture !

LA COMTESSE, *à Velbine.*

Vous, madame ?

TULIPANO, *à Velbine.*

Comment, vous ne répondez rien ? confondez-là donc en lui disant qui vous êtes.

VELBINE.

Puisque madame le veut, que vous le voulez aussi, qu'il le faut — je suis l'épouse du marquis Giorgino

TULIPANO.

Qu'entends-je ?

LA COMTESSE.

On vous a joué, monsieur le marquis.

TULIPANO, *à Giorgino.*

Me direz-vous, monsieur ?...

GIORGINO.

Mon petit papa...

TULIPANO.

Il n'y a pas de petit papa qui tienne ! il faut...

GIORGINO.

Je suis l'époux de ma chère Velbine.

TULIPANO.

Velbine ? qu'entends-je ! je suis trahi, perdu, confondu !

DE TULIPANO.

FINALE.

O ciel ! quel coup funeste !
Ah ! mon cœur en gémit ;
J'en suis tout interdit.
O vous ! dont la mémoire
Faisait toute ma gloire,
Le croirez-vous jamais !

GIORGINO ET VELEINE.

Appaisez-vous, mon père,
Calmez votre colère,
En voyant nos regrets.

TULIPANO.

Oh ! ma foi, plus j'y pense,
Moins je vois d'espérance,
De rompre l'alliance ?
(A la Comtesse.)
Oubliez cette offense,
Ils ont su me tromper.

GIORGINO ET VELEINE.

Oubliez cette offense,
Nous l'avons su tromper.

LA COMTESSE.

Perdez cette espérance,
D'une pareille offense,
Je saurai me venger.

TULIPANO, *a la Comtesse.*

Ah ! si j'osais vous proposer ; —
Si j'osais vous offrir mon cœur !

VELEINE, *bas a Giorgino.*

Va, prier la Comtesse.

TULIPANO ET GIORGINO.

Nous chérirons sans cesse,
Cet instant de bonheur.

A TROIS.

Prenez son cœur.

LA COMTESSE.

Sans tarder davantage,
J'accepte votre hommage.
Marquis, ce mariage
Satisfait mon honneur.

TOUS.

De douces chaînes
Chassent nos peines

32 LE MARQUIS

Et nos douleurs,
Notre tendresse
Saura sans cesse
Unir nos cœurs.

(*Ils sortent.*)

FIN.

www.ingramcontent.com/pod-product-compliance
Lightning Source LLC
Chambersburg PA
CBHW060719050426
42451CB00010B/1523